Zoé Unakim

Heilige Sprache

Zoé Unakim

Heilige Sprache

lingua sacra

Trainerverlag

Cover image: www.ingimage.com

Publisher:
Der Trainerverlag
is a trademark of
International Book Market Service Ltd., member of OmniScriptum Publishing Group
17 Meldrum Street, Beau Bassin 71504, Mauritius
Printed at: see last page
ISBN: 978-620-0-76903-9

Inhaltsverzeichnis:

I. Tres linguae sacrae:[1]

Das christliche Konzept der **tres linguae sacrae** („drei heilige Sprachen“), *tres linguae sapientales* („drei Sprachen der Weisheit“) oder auch *tres linguae praecipuae* („drei herausragenden Sprachen“) bezeichnet die hebräische, die griechische und die lateinische Sprache und leitet sich von dem Titulus INRI am Kreuz Christi her, von dem das Evangelium des Johannes (Joh 19,20 EU) berichtet, dass Pontius Pilatus ihn in drei Sprachen schreiben ließ.

Quellen

Bereits im 4. Jahrhundert empfahl der Kirchenlehrer Hilarius von Poitiers (315–367) die drei Sprachen als diejenigen, durch die Gottes Wille, die Ankündigung seines Reiches und die Inschrift am Kreuz der Welt überliefert worden seien (*Tractatus super psalmos: Instructio psalmorum* 15 = CSEL 22, 13).

Wenig später hebt der christliche Dichter Prudentius (348–nach 405) die Ironie des Schicksals hervor, die sich aus dem Befehl des Pontius Pilatus ergibt, am Kreuz Christi eine dreisprachige Inschrift

[1] Vgl. https://de.wikipedia.org/wiki/Tres_linguae_sacrae

anzubringen; das Christentum habe sich trotz der Kreuzigung Jesu durchsetzen können und werde nun in hebräischer, griechischer und lateinischer Sprache besungen:

„... *aut quae non scriptorum armaria Christi*
laude referta novis celebrant miracula libris?
Hebraeus pangit stilus, Attica copia pangit,
pangit et Ausoniae facundia tertia linguae.
Pilatus iubet ignorans: I, scriba, tripictis
digere versiculis quae sit subfixa potestas,
fronte crucis titulus sit triplex, triplici lingua
agnoscat Juadea legens et Graecia norit
et venerata Deum percenseat aurea Roma.“

„... Oder welche Bücherschränke der Schriftsteller, gefüllt mit dem Lob Christi, preisen nicht in neuen Büchern seine Wunder?
Es dichtet der Schreibgriffel der Hebräer, es dichtet die Redefülle der Griechen,
es dichtet auch als dritte die Beredsamkeit der Ausonischen (= lateinischen) Sprache.
Pilatus befiehlt unwissend: „Geh, Schreiber,

erzähle in dreifach geschriebenen Zeilen, welche Macht ans Kreuz geschlagen ist;
an der Stirnseite des Kreuzes soll eine dreifache Inschrift sein, in dreifacher Sprache
soll Judaea es lesen und anerkennen und Griechenland es wissen
und das Gott ehrende goldene Rom es betrachten."

– PRUDENTIUS: *Apotheosis* 11, 377-385.

Etwa gleichzeitig verstand der Kirchenlehrer Augustinus (354–430) das Hebräische als Symbol für das Gesetz der Juden, das Griechische als das der Weisheit der Heiden und das Lateinische als das des Römischen Reiches:

„*Hae quippe tres linguae ibi prae caeteris eminebant: Hebraea, propter Judaeos in Dei Lege gloriantes; Graeca, propter Gentium sapientes; Latina, propter Romanos multis ac pene omnibus jam tunc gentibus imperantes.*"

„Diese drei Sprachen ragten dort nämlich vor den anderen hervor: die hebräische wegen der Juden, die sich des Gesetzes Gottes rühmten; die griechische, wegen der Weisen der Völker; die lateinische wegen der Römer, die über viele und beinahe damals schon alle Völker herrschten."

– AUGUSTINUS VON HIPPO: *In Iohannis evangelium tractatus* 117, 4 = CCSL 36, 653; PL 35, 1946.

Aufgegriffen wurde dieses Konzept im Mittelalter durch den Kirchenlehrer Isidor von Sevilla (ca. 560–636), der den drei Sprachen als Erster das Epitheton *sacrae* gab:

„*Tres autem sunt linguae sacrae: Hebraea, Graeca, Latina, quae toto orbe maxime excellunt. His namque tribus linguis super crucem Domini a Pilato fuit causa ejus scripta.*"

„Es gibt aber drei heilige Sprachen: die hebräische, die griechische, die lateinische, welche auf der ganzen Welt am meisten hervorragen. Denn in diesen drei Sprachen stand oben am Kreuz des Herrn auf Befehl des Pilatus dessen Verurteilungsgrund geschrieben."

– ISIDOR VON SEVILLA: *Etymologiae* 9, 1, 3.

Zu den weiteren Gelehrten, die das Konzept propagierten, zählte auch Hrabanus Maurus (ca. 780–856).

Unterstützt wurde auf diese Weise der sogenannte christliche Hebraismus des Mittelalters, der Rückgriff auf die hebräische Ursprache der Heiligen Schrift in der philologischen Bemühung um deren Deutung. So galt das Hebräische als *lingua sacra* par excellence: Manche Gelehrte der Neuzeit tragen den Titel *professor linguae sacrae*, das heißt, des Hebräischen. Der Tübinger Professor für Hebräische Sprache Michael Beringer steigerte das Konzept in seiner *Oratio de sancta lingua Hebraea* (Tübingen 1599) noch durch die Behauptung, Hebräisch sei die älteste Sprache Adams und Evas gewesen und von Gott gesprochen worden, der Messias werde diese Sprache sprechen; daher sei das Studium des Hebräischen auch ein wichtiges Instrument der Judenmission.

Während das Griechische als Sprache des Neuen Testaments den zweiten Rang erhielt, wurde das Lateinische, obwohl es nicht ursprünglich Sprache der Heiligen Schrift war, als dritte Sprache in den Kanon aufgenommen, nicht allein wegen der Erwähnung im Evangelium des Johannes, sondern wohl auch wegen des Status, den die lateinische Bibelübersetzung und das Lateinische als Sprache der Liturgie im Mittelalter erlangt hatten.

Gegenbegriffe

Gegenbegriffe zu *lingua sacra* sind lingua vernacula, lingua vulgaris, *lingua barbara* oder *barbarica*, *lingua rustica*. Gemeint ist die jeweilige Landes- oder Nationalsprache. Deren Verwendung als Literatursprache wurde durch das Konzept der drei heiligen Sprachen bis in die Renaissance hinein unterdrückt oder behindert.

Examina

Auf das Konzept der drei heiligen Sprachen geht nach der Erneuerung hebraistischer Studien durch Johannes Reuchlin letztlich auch die Trias der *examina Hebraicum, Graecum, Latinum* sowie die Prüfung im Bibelgriechischen im Schul- und Hochschulwesen des deutschsprachigen Raums zurück.

Einrichtungen

→ *Hauptartikel: Collegium Trilingue*

Eine der ersten Einrichtungen zum Studium der drei heiligen Sprachen war das 1517 auf Veranlassung des luxemburgischen Humanisten Jérôme de Busleyden (lateinisch:

Hieronymus Buslidius) gegründete *Collegium Trilingue* in Löwen. Gegenwärtig ist das Theologisch-propädeutische Seminar Ambrosianum in Tübingen eine Einrichtung dieser Art.

Literatur

- Walter Berschin: *Early Byzantine Italy and the Maritime Lands of the West.* In: *Greek Letters and the Latin Middle Ages. From Jerome to Nicholas of Cusa.* Translated by Jerold C. Frakes. Revised and expanded edition. The Catholic University of America Press. Auszug auf: myriobiblos.gr; deutsch zuerst: *Griechisch-lateinisches Mittelalter. Von Hieronymus zu Nikolaus von Kues.* Bern/München 1980.
- Klaus Gantert: *Akkommodation und eingeschriebener Kommentar. Untersuchungen zur Übertragungsstrategie des Helianddichters.* Gunter Narr Verlag, Tübingen, 1998 (ScriptOralia, Bd. 111), Ss. 46–47, ISBN 3823354213. Google Bücher
- Andreas Gardt: *Geschichte der Sprachwissenschaft in Deutschland. Vom Mittelalter bis ins 20. Jahrhundert.* Walter de Gruyter, Berlin, 1999, Ss. 13–14, ISBN 3-110-15788-8. Google Bücher

- Raphaela Gasser: *Propter lamentabilem vocem hominis. Zur Theorie der Volkssprache in althochdeutscher Zeit.* Diss. phil. Zürich 1970, Ss. 7ff.
- David Howlett: *'Tres linguae sacrae' and threefold play in Insular Latin.* In: Peritia. Journal of the Medieval Academy of Ireland 16 (2002) Ss. 94–115.
- Tony Hunt: *Teaching and Learning Latin in 13th-Century England. I: Texts.* D. S. Brewer, Cambridge 1991, S. 289. Auszüge online
- Hartmut Lehmann, Anne-Charlott Trepp: *Im Zeichen der Krise.* Vandenhoeck & Ruprecht, Göttingen, 1999 (Veröffentlichungen des Max-Planck-Instituts für Geschichte, Bd. 152), Ss. 301–302, ISBN 3-525-35468-1. Google Bücher
- Robert E. McNally: *The „tres linguae sacrae" in Early Irish Bible Exegesis.* In: Theological Studies 19 (1958) Ss. 395–403. (PDF)
- Friedrich Paulsen: *Geschichte des gelehrten Unterrichts auf den deutschen Schulen und Universitäten vom Ausgang des Mittelalters bis zur Gegenwart. Mit besonderer Rücksicht auf den klassischen Unterricht.* 2 Bde., Veit/Metzger & Wittig, Leipzig 1885.

- Irven Michael Resnick: *Lingua Dei, lingua hominis. Sacred Language and Medieval texts.* In: Viator 21 (1990) Ss. 51–74.
- Michael Richter: *Concept and evolution of the tres linguae sacrae.* In: Ernst Bremer (Hg.), *Language of Religion – Language of the People. Medieval Judaism, Christianity and Islam.* Fink, München, 2006, Ss. 15–24, ISBN 978-3-7705-4281-9.
- Jan Ziolkowski: „*Tres linguae sacrae"/Christlicher Hebraismus.* In: Fritz Graf (Hrsg.): *Einleitung in die lateinische Philologie*. Teubner, Stuttgart [u. a.] 1997 (Einleitung in die Altertumswissenschaft), S. 309, ISBN 3-519-07434-6. Google Bücher

II. Heilige Deutsche Sprache:[2]

Kommentar: Die Sprachforschung hat bis heute faszinierende Entdeckung gemacht. Ganz offensichtlich lassen sich alle Sprachen der Welt auf eine gemeinsame Wurzel zurückführen, welche den alten deutschen Sprachen sehr ähnlich gewesen sein muß. Man braucht kein Freund von E. Landmann und seinen daraus folgenden Theorien sein, um die nachfolgend zusammengefassten, etymologischen Zusammenhänge als großen Denkanstoß zu würdigen.

Die Heilige Deutsche Sprache (Althochdeutsch)

Unsere deutsche Sprache mußte in den letzten Jahrzehnten sehr viel erleiden. Durch unzählige Anglizismen entstellt, durch eine "neue Rechtschreibung" verfälscht oder im Sinne der Frankfurter Schule umgeschrieben, hat sich unsere Sprache hinunterentwickelt. Und schleichend geht dieser Prozess weiter!

Nur die wenigsten dürften sich bisher mit Sprachwissenschaft beschäftigt und noch weniger dürften hinter die offizielle Entstellung

[2] Vgl. https://internetzel.wordpress.com/die-heilige-deutsche-sprache/

unserer Sprache geschaut haben! Dabei verbirgt sich in unserem Althochdeutschen (ahd.) ein riesiges Erbe unserer Ahnen!

In der Bibel steht geschrieben, daß es einmal eine Ursprache gegeben hat. Die "Babylonische Sprachverwirrung" ist den meisten bekannt, aber hat diese wirklich stattgefunden? Und wie sah diese heilige Ursprache dann aus? Lieber Leser, halten sie sich fest! **Diese Ursprache ist keine andere als unser Althochdeutsch!**

Die Unterdrückung unserer Sprache begann mit der Zwangschristianisierung und der römischen Militärsprache (Latein). Wenn man die ahd. Glossen liest und vergleicht, was in den sogenannten althochdeutschen Wörterbüchern heute enthalten ist, wird man feststellen müssen, daß sehr viel gefälscht und sehr, sehr viele Wörter einfach weggelassen wurden. Da kommt dann automatisch die Frage: Warum tat man das, warum fälscht man Wörter, gibt ihnen eine falsche Übersetzung, warum läßt man Wörter einfach weg?

Das Wort HEILIG heißt im Ahd. „weih". In der Sprache der Osterinseln heißt dieses Wort auch heilig, aber „vai" geschrieben. Wir haben diese Silbe im Wort GEWEIH, als Symbol der Germanen, daß sie eine tiefe Naturverbundenheit hatten, mit den Wäldern vor allem und natürlich mit den Tieren. Einen Hirsch zu erlegen war nicht nur einfach Jagen oder Töten, um etwas zum Essen zu haben. Die Jagd war ein heiliger Vorgang und man sprach vorher mit den Tieren, die man erlegte. Diese Naturverbundenheit gab den germanischen Völkern schon immer eine unglaubliche Kraft, vor der sich die Katholische Kirche fürchtete. Der Grund: Es sind die Naturgesetze, die die Germanen als göttlich und unumstößlich betrachteten, nicht das römisch-katholische Papierrecht. Diese tiefe Naturverbundenheit ist auch heute noch im Deutschen Volk erhalten, denn nicht umsonst sind es die Deutschen gewesen, die den Umweltschutz auch als politisches Programm in die Welt setzten, welche andere Länder auch kopierten. Der tiefe Glaube an die germanischen Götter – als Prinzip, nicht als Personifizierung -, schuf ein sittlich, ehrlich-wahrheitsliebendes Volk. Diese geistig-seelisch Überlegenheit war der Katholischen Kirche ein Dorn im Auge. Daher ließ sie unter anderem nach der Abschlachtung von 4.500 Sachsen auch gleich mal 10.000 Eichen abholzen und zerstörte an die 1000 Wälder. Es geht also wirklich nicht darum, an welchen Gott man glauben soll, zu wählen zwischen Wotan oder Jesus. Solange man dies glaubt, ist man einer Ideologie aufgesessen und wird nie diese Macht erfahren, die entsteht, wenn man die Natur als Verbündeten hat. Hat man sie als Verbündete, wächst man körperlich und geistig über sich hinaus.

Schauen wir uns ein paar Beispiele aus verschiedenen Bereichen und Ländern der Welt an. Bedenken sie bitte dabei immer: Der Schweizer Sprachwissenschaftler A. Wadler schreibt in seinem Buch DER TURM ZU BABEL auf Seite 119, daß die Wahrscheinlichkeit, den gleichen Wortstamm (Wortlaut) mit der gleichen Bedeutung in nicht verwandten Sprachen zu finden, 1 zu 4.900.000.000 bis 11.025.000.000 beträgt!

Die Bibel/ Paulinismus/ Katholizismus

Das Wort KIRCHE, im Ahd: „kirihha, kilihha, cirihha, cilihha" bedeutet „das Gleiche". Dieses „Gleiche" ist eine Form urdemokratischer Einrichtung der Germanen und hatte überhaupt nichts mit der katholischen KIRCHE gemeinsam. Das lateinische Wort „ecclesia" kommt aus dem Ahd. von den oben schon erwähnten Wörtern für KIRCHE.

Man sagt, daß Wort KATHOLISCH käme aus dem Griechischen und bedeute „allgemein". Andere Forscher behaupten, es bedeute

„rechtsgläubig“. Die griechische Sprache ist aber genau genommen ein ahd. Dialekt der Dorer! Das ahd. Wort „cautolo“ bedeutet nicht „katholisch“ sondern IRRLEHRE. Das Adjektiv „tol“ bedeutet DUMM, VERIRRT, ALBERN, TÖRICHT. Davon gibt es auch die Formen „tolic“ und „catolic“, was wörtlich die VERDUMMTEN, die IRREGELEITETEN, die TÖRICHTEN bedeutet. Das sind sprachwissenschaftliche Wahrheiten. Doch wenn man heute ein ahd. Wörterbuch aufschlägt, wird man feststellen, daß das Wort KATHOLISCH mit „catolic“ übersetzt wird. Nur dieses Wort steht da, sonst keine Erklärungen.

Dennoch kann man sprachwissenschaftlich Vieles von den falschen Übersetzungen aufdecken. Das Wort BIBEL. Griechisch heißt es „biblios“, was soviel wie BUCH bedeutet. „biblios“ oder auch die „Christenbibel“ kommen vom ahd. Wort „fibal“, die FIBEL. Oder die Wörter ADAM und EVA. ADAM bedeutet heute noch im Türkischen und anderen Sprachen einfach „der Mensch“, ist also keineswegs der Name des „ersten Menschen“. EVA ist auch kein Name einer Frau, sondern kommt vom ahd. „ewah“ = „ewig“. **ADAM und EVA heißen im ahd. „man evah“ oder „mana ewah“ und bedeutet: der EWIGE MENSCH!**

Die Geschichte von der zeugungslosen Geburt ist in mindestens drei Formen erhalten. Hier zwei Formen: FREYA gebar WOTAN ohne Zeugung. MAYA gebar BUDDHA ohne Zeugung. Man sieht die Gleichheit beider Namen, von Freya zu Maya, wo nur ein „r" verloren ging und der Lippenlaut „f" in de Lippenlaut „m" verwandelt wurde, wie bei WOTAN und BUDDHA, wo ebenfalls der Lippenlaut „w" in den Lippenlaut „b" überging. Dann haben wir die Geburt JESUS durch MARIA. MARIA ist ebenfalls nur Freya. Wenn man alle Abwandlungen kennt, dann wird man dies leicht einsehen können. Viel ältere Germanisten, wie Wilhelm Braune, wundern sich, daß Maria in ahd. und mhd. Zeit, zweisilbig geschrieben und gesprochen wurden, also „mar-ja". Das „j" kann man auch als ein „i" lesen. Die Silbe „mar" ist eine uralte Silbe aus dem Sanskrit, und bedeutet die FORMGEBENDE. In ahd. Texten wird JESUS immer mit „Ihesum" oder „Ihesu" angegeben. „i hesu" aber bedeutet auf Ahd. = „Ich heiße" oder „Ich heiße mich". Ich heiße mich einen Zimmermann bedeutet also: Ich bin Zimmermann von Beruf. Das Wort CHRISTUS heißt keineswegs „der Gesalbte", abgeleitet vom griechischen Wort „chrisma", sondern geht vom ahd. „chiristo, churisto, kiristo, kirusti, gihrusti" = der GERÜSTETE, der STREITBARE (für das GUTE = GOTT) zurück. Außerdem bedeutet das Wort CHRISTUS auch gleichzeitig das Wort GERÜST, VORRICHTUNG, GALGEN und damit auch das KREUZ, der KREUZGALGEN. So bedeutet der ahd. Satz: „i hesu mi chiristo“ = ich bin der Gerüstete, der Streiter für das Gute.

In der Bibel stehen die Wörter JAHWE, JEHOWA, was „der Ewige“ bedeutet. Im Ahd. heißt „eviha“ = Jahwe und „eowiha“ = Jehowa. Dann gibt es den Gott ELOHIM. Wenn man das „l“ durch ein „r“ ersetzt (was in vielen Sprachen, vor allen in vielen Dialekten des Chinesischen zu finden ist) so erkennt man, daß ELOHIM das ahd. „ero him“ ist und „ehret ihn“ bedeutet. ELOHIM ist also kein Name für einen Gott!

„Geschrieben steht,

im Anfang war das Wort,

hier stock ich schon,

wer hilft mir weiter fort,

ich kann so hoch das Wort unmöglich schätzen,

ich muß es anders übersetzen."

Goethe -Faust

Im Deutschen ist das Wort WORT mit dem Wort WERDEN verwandt. Ein Wort ist ein Laut oder Schrift gewordener Gedanke. WORT und WERDEN jedoch zu verwechseln war im Ahd. noch leichter als im heutigen Deutsch, wie die ahd. Formen „worton, worten" für GEWORDEN zeigen. Also müßte man es richtig übersetzen:

„Im Anfang war das Werden und das Werden war gut und gut war das Gewordene".
Als die Welt erschaffen, erbaut wurde, soll es das TOHUWABOHU gegeben haben, was man mit Chaos übersetzt. Das ist falsch! Wenn irgendwo etwas erbaut, erschaffen wird, dann wird gepocht und gehauen, dann wird etwas strukturiert umgesetzt, wie auf jeder Baustelle. Und das HAUEN und POCHEN heißt eben im ahd. „te huwa bohu", "huwa" = HAUEN, „bohu, pohu" = POCHEN. Bei den Maya-Quiche übrigens ebenso!

Das ahd. Wort „cherub" bedeutet GERAUBT. MAN BERAUBTE IHN ist im ahd. „cherub im". Da Rauben meistens mit dem Schwert oder anderen Waffen erfolgte, machte man aus der Wortfolge „man beraubte ihn“, einen das Paradies mit dem Schwert bewachenden „Cherubim“. Die Sprachentstellungen wird so zur Sprachverwirrung wie man sehen kann.

Islam

Der Name des Koran, des heiligen Buches des Islam, bedeute Buch, so erzählt man uns, aber Buch heißt im Arabischen, im Türkischen und vielen verwandten Sprachen „Kitab, Kitub“, eine Verdrehung des ahd. „tia buoh“, englisch „book“, über „ti bak, ti buk“ wurde „kitab“. KORAN aber heißt im ahd. die PRÜFUNG. Der allmächtige Gott heißt bei den Arabern „allahu“, hier ist nur ein M verloren gegangen gegenüber dem ahd. „allmahu“. Heute noch wird in Pakistan und Südindien der Name „alahu“ gesungen, sogar in den Bollywoodfilmen. Der mächtige Befreier und Erlöser heißt bei den Moslems „Mah-di“, ahd. „mahdi“, der MÄCHTIGE. Das H sollte hier wie ich CH ausgesprochen werden, also nicht MAHDI sondern „MACHDI“ aussprechen. Es ist der CH-Laut, den die arabische Sprache und das Schweizer-Deutsch identisch haben. Der MESSIAS der Juden und Christen ist keineswegs einer, der noch mal kommen wird, da wird man ewig warten können, es ist das ahd. Wort der „mahdi, mahtico“, es ist lediglich aus T ein SS geworden.

Judentum

Es gibt einen deutschen Stamm, der DIUTEN heißt und als JUTEN zusammen mit ANGELN und SACHSEN nach Britannien zog und vorher im heutigen dänischen Jütland und weiter südlich saß. Die Juden nennen sich das „auserwählte Volk". Viele behaupten oder sind der Meinung: „Am deutschen Wesen solle die Welt genesen“. Egal, wie man dazu stehen mag. Angesichts so vieler ahd. Parallelen zwischen Juden und Deutschen fällt auf, daß zwischen dem Namen der Juden und dem der Deutschen, oder der DIUTEN, nur ein winziger Unterschied besteht. Die Juden haben ein D als ersten Buchstaben ihres Namens verloren.

Vor ca. 20 Jahren trat ein israelischer Professor im Fernsehen auf und behauptete, die Deutschen sprächen ja eigentlich hebräisch, so viele Sprichwörter und Redewendungen seien in beiden Sprachen so sehr ähnlich. Der Mann hatte fast Recht. Er hätte nur sagen müssen, daß die Hebräer eigentlich deutsch, althochdeutsch, sprechen.

Übrigens, der „Jude“ Jesus von Nazareth, aus dem die Katholische Kirche dann den Christus machte, soll ARAMÄISCH = ALAMANISCH, d.h. eine arische bzw. indogermanische Sprache gesprochen haben. Die vielen Nachbarn der Juden, Araber, Armenier, Libanesen, sie alle tragen, wenn man den R-Laut in einen L-Laut und den B-Laut in einen M-Laut verwandelt, den Namen „Allemannen, Alamannen“ in ihrem Namen. In Saudi-Arabien steckt sogar beides, „diuda“ und „ala-mia“, also deutsch und alamannisch.

Und wie ist es mit dem Hause Davids der Juden? War David überhaupt ein Personenname oder ist damit nicht das „Haus Diuda“ gemeint, zumal der V-Laut in alten Zeiten stets nur als U-Buchstabe geschrieben wurde? Sagen nicht die herkömmlichen Wissenschaftler, das Saudi-Arabien einst „Dilmun“ hieß und das Reich der Königin von Saba war? In „Dilmun“ steckt leicht erkennbar das Wort „di“ oder „der alman“ drinnen. Ist bei der Königin von Saba möglicherweise ein W verloren gegangen, so daß wir von der „Königin von Schwaba, Swaba“, sprechen müssen? Salomon und die Königin von Saba heißt dann vielleicht: der Alemann und die schwäbische Königin. Schwaben und Allemannen leben auch heute noch eng zusammen in Deutschland, haben verwandte Dialekte und waren schon zu allen Zeiten eng beieinander.

Russland

Daß das russische Wort für Kaiser, „Zar" nur die zweite Silbe des ahd. „kaizar" ist, dürfte manchem neu sein. Das „ow" von Moskau, ist das ahd. „ouwe, owwe, ouwia". All die vielen „slawischen" Namen, ob tschechisch, polnisch oder russisch, die auf „-ow, owski" enden, bedeuten genau das ahd. „Aue"!

Japan

Heilige Holzschreine, ahd. „shrin(e)", heißen im Japanischen „shin". Nur ein R ist verschwunden. Der berühmteste Schrein ist der „Itsukushima-Schrein", ein Holztor, das „tori" genannt wird. Zur Ergänzung sei bemerkt, das Tor im ahd., wie heute noch im Englischen, dem alten sächsischen Dialekt, mit doppeltem O, also „toor, door" und „tor" geschrieben wurde. Zum Wort „Itsuku": Man erkennt, daß es nur eine leichte Verdrehung des ahd. „tiusku", was

DEUTSCH bedeutet, ist. Das können viele nicht glauben, daß das höchste Heiligtum in Japan, ein Holztor ist, was quasi als „deutsches Tor“ bezeichnet wird und außerdem mit dem ahd. Wort „shrine (shin)“.

Die GÖTTER heißen im Japanischen die „kami“, die „Gekommenen“ = ahd. „kam“. Nach der japanischen Mythologie sollen sie vom Himmel gekommen sein. Diese „Gekommenen“ werden wir noch weltweit wiedertreffen in anderen Mythologien und Sprachen. Die große Mutter der japanischen Götter heißt „Amaderasu no okami“. Schauen wir das Wort näher an, so sehen wir, daß es das ahd. „(di)a mader anookami“, die angekommene Mutter, vielleicht auch „dia mader ano“ (ahd. ano = Ahne) o(n)kami ist. Beides bedeutet jedoch, die ANGEKOMMENE MUTTER oder AHN(EN)MUTTER. Das ist es, was der japanische Name ausdrücken soll. MEIN GOTT würde auf ahd. „min koto“ lauten. Interessant ist hier: Wenn die Japaner ihre Göttermutter oder die anderen Götter im ältesten Literaturdenkmal, dem „Nihongi“, ansprechen, dann mit: „Mikoto“ = MEIN GOTT. Es gibt Leute deutscher Muttersprache, die sich vornehm ausdrücken wollen, diese sagen nicht „ich trinke“, sondern „ich nehme einen Trunk“. Der Engländer sagt sowieso „I take a drink“, eben „Ich nehme einen Trunk“. Der Japaner sagt nun für TRINKEN „nomu“, was vom Ahd. „neman“, eben NEHMEN kommt, genauso wie ESSEN im Japanischen „taberu“ heißt und dem deutschen „tafeln“ entspricht, denn einen L-Laut ersetzt der Japaner grundsätzlich durch einen R-Laut. Das Wort „yoi“ bedeutet GUT und ist ebenfalls das ahd. „guat, guot“.

In einer japanischen Chronik „Nihongi“ genannt, die ins Englische übersetzt wurde, kann man folgendes finden: In diesem Text sind jede Menge ellenlanger, angeblicher japanischer Götternamen aufgeführt, die fast alle mit dem Ausdruck „Mi-koto“ enden, (ahd. „min kot, min koto“ = MEIN GOTT). Ich habe eine Reihe hier ausgewählt und führe sie nachfolgend auf:

JAPANISCH – ALTHOCHDEUTSCH – HEUTIGES DEUTSCH

1) Imi kasbiki no Mikoto – Imi kasbiki nu mi(n) koto – Ihm schickte nun mein Gott

2) Awo kashiki ne no Mikoto – Awo kashik ine nu mi(n) koto – Wehe schickte ihn nun mein Gott

3) Aya kashiki ne no Mikoto – Aya kashik ine nu mi(n) koto – Arges schickte ihn nun mein Gott

4) Oho to mähe no Mikoto – Ouh ta mähe nu mi(n) koto – Auch machte da nun mein Gott

5) Oho-to-ma-hime no Mikoto – Ouh ta mahi meno mi(n) koto – Auch machte da Männer mein Gott

6) Chishiki no Kami – Chishiki nu kami – (der) Geschickte nun kam

7) Oho-to-ma-hiko no Mikoto – Ouh ta mahi kono mi(n) koto – Auch machte da Frauen mein Gott ahd. kena, quena = (hier zu kono geworden)

8) Takecht nokori no Mikoto – Ta ke chino korino mi(n) koto – Da geht hin gereinigt mein Gott oder: Da geht hin zu reinigen mein Gott

9) Saki dama no Mikoto – Saki da mano mi(n) koto – Sagte da dem Manne mein Gott

10) Iku-tsu hiko ne no Mikoto – I kusuhi kone nu mi(n) koto – Suchte die Frau nun meinen Gott oder: Suchte die Frau nun mein Gott

Afrika

Auch das Swaheli, eine afrikanische Sprache (Kongo, Kenia, Bantusprache, Ostafrika) hat noch diesen Namen erhalten. Das ahd. „heli, heilac, hilac“ und das ahd. „spraha“ = die Sprache, ergeben Swaheli, weil aus dem P-Laut der W-Laut wurde und R und H verloren gingen. Swaheli oder Kiswaheli ist also das ahd. „ti spraha heli“ die heilige (nämlich deutsche) Sprache.

Die meisten von uns kennen die Geschichte des Turmbau zu Babel aus der Bibel der Christen. Babel soll in Babylonien gelegen haben. „Es hatte aber alle Welt einerlei Sprache ... und der Herr fuhr danieder und verwirrte ihre Geister“. Was bedeutet der Name „Babylon“? Es gibt ein ahd. Wort, das „babwe, bouwen, buan, buwan“ lautet und das heutige deutsche BAUEN, BAU, bedeutet. Dieses Wort nun steckt in Babylon, während der zweite Teil des Wortes Babylon entweder das ahd. „lan, lant“ = LAND oder ahd. lanc = LANG enthält. Babylon heißt also „Land des Baues“ oder „langer (großer) Bau“. Der Name selbst weißt tatsächlich auf die Geschichte des Turmbaus hin. Es gibt im ahd. ein zweites Wort für Bau, das „cimpar“ heißt und mit dem modernen deutschen Wort ZIMMERN, ZIMMERMANN, verwandt ist. In Afrika gibt es ein Land, das heute „Zimbabwe“ heißt, nach den Ruinenstätten, die man in diesem Land vorfindet. Diese Ruinen tragen einen ahd. Namen, nämlich gleich zwei ahd. Wörter für Bau. „Zimbabwe“ heißt also der „Bau-Bau“ oder der „Gebäude-Bau“ oder eleganter und besser ausgedrückt, der „Zimmer(manns)bau“, der „gezimmerte Bau“. Was aber kann man in Artikeln von angeblich ernsthaften Sprachforschern, lesen? Zimbabwe käme vom Simba, der Löwe.

Tiger und Jaguar

Sehen wir uns einmal die Etymologie der Worte TIGER und JAGUAR an. Es hat in Deutschland und den meisten Teilen Europas niemals diese Tiere gegeben. Anders als beim Löwen, der hier auch nicht lebte – von dem man aber überall steinerne Abbildungen in Europa und Deutschland findet, auf Wappen, Ritterrüstungen, Rathäusern, Wirtsstuben usw. -, wurden Tiger und Jaguar auch nie abgebildet in alten Zeiten. Um so mehr muß es erstaunen, daß das Wort TIGER, – dies kann man in jedem etymologischen Wörterbuch nachlesen, von ahd. „ti gir tior“ = DAS GIERIGE TIER, oder abgekürzt, „ti gira“ = DIE GIERIGE, herkommt. Ebenso ist Jaguar das „jaguari“ = der JÄGER. Hier wird allerdings behauptet, das Wort käme aus den Tupi- und Guaranisprachen. Nun aber sind Tiger und Jaguar Tiere, die in ihrem angestammten Lebensraum bleiben und keine Erfindung, kein Handelsgegenstand, der, wie bei der Lehnworttheorie behauptet, zusammen mit dem entsprechenden Wort, mit seiner Bezeichnung, in andere Kultur- und Sprachkreise übernommen wird. Nun verwenden aber fast alle Sprachen der Welt dieses ahd. „Tiger" in Formen wie „tigre, tiger, tigera", usw. Die Japaner sagen „tora", was aus dem ahd. „ti gira" über „to (gi)ra" zu „tora" gekommen ist. Und die Azteken bezeichnen den Jaguar sogar mit einem weiteren ahd. Wort, nämlich „te quani" = ahd. „te chuani", der Kühne.

Alle Welt bezeichnet also zwei Tiere, die nie in Deutschland gelebt haben, mit drei ahd. Wörtern, mit Bezeichnungen, die alle exakt bestimmte Eigenarten dieser Tiere beschreiben, die nur im Deutschen vollen Sinn ergeben!

Wotan als Kulturbringer

Erhard Landmann schreibt in "Die Weltbilderschütterung": "Alle großen Kulturbringer weltweit tragen den Namen Wotans, so wurde mir plötzlich klar. Wotan bei den Germanen und den Mayas. Buddha ließ sich auch auf Wotan zurückführen, und Buddha hieß bei den

Japanern und anderen Ostasiaten Sakya Muni, der “sächsische Mönch”, und stammte aus dem Volk der Sakya, der Sachsen. Also genau wie bei den Angeln und Sachsen Britanniens und bei den Mixe-Soque und in Peru. Ein Kloster in Tibet heißt heute noch Sakya, und in der zweiten Silbe des Wortes Tibet erkennt man noch bet, wet, also den Namen Wotans. Der angebliche Vorname Buddhas, Gautama, oder Cotama, kommt vom ahd. guter Mann oder Gottesmann. Das war eine wichtige Erkenntnis. Denn der Kulturbringer der Osterinsel war Hotu Matua. Hier war aus dem ahd. Huotu nur ein u verloren gegangen, so daß sich hinter Hotu Matua Huotu Man guata verbirgt. Bei den Inkas gab es Manco Capac, was sich auf Wotan (Capac C zu T und n, P zu w) Man cot zurückführt. Und wir hatten ja dort auch das Intihuatana und das Sacsaqueman. Der Gott aber der dortigen Völker hieß Viracocha, was ahd. vera cuot, der wahre Gott, bedeutet und nicht der “Schaumgeborene” oder was sonst vermeintliche Sprachwissenschaftler erfinden. Der große Manitou bei den Indianern Nordamerikas enthält wieder das Man cuot, nur der Wotanzusatz ist hier verloren gegangen, aber wie wir bereits sahen, die ani sazi, das Volk Wotans, war auch vorhanden. Auch Moses und Mohamed enthalten den Namen Wotans. Moha und Wed, der mächtige Wed, der mächtige Wotan."

Schlusskommentar

Eltern sollten wissen, daß es früher keine Rechtsschreibung gab und die Sprache sich so entwickelte, wie es die Mundarten zuließen. Wenn ein Schüler heute das Wort TAT mit H schreibt, also THAT, dann zeigt er, daß seine Entwicklung mit diesem Wort noch im 18.-19. Jahrhundert verweilt. Ebenso, wenn ein Schüler das TAL wie THAL schreibt. Oder wenn Schüler das Wort DEUTSCH als TEUTSCH schreibt oder das HAUPT mit B, also HAUBT und so alle zusammengesetzten Wörter wie HAUBSPRACHE usw., dann befindet sich deren deutsche Sprachentwicklung im 17. Jahrhundert.

Und wenn Schüler das Wort ABLEITEN als ABALEITEN schreiben, dann ist das nach hiesiger „Rechtschreibreform" ein Fehler, aber so hat man es im 9. Jahrhundert geschrieben. Ebenso das Wort DAHEIM, was man früher im 8. Jahrhundert DARHEIM schrieb. – Hierbei ist nicht einmal die Groß- und Kleinschreibung berücksichtigt.

Es sind also nicht Fehler, die Kinder und Jugendliche in ihrer Sprachentwicklung machen. Sie erleben in geraffter Form alle Stufen der Sprachentwicklung, die es zu durchleben gilt. Daher ist es sinn- und verantwortungslos, Kinder und Jugendliche in Schreibdiktaten zu beurteilen, weil ihre Sprach- und somit auch Schreibentwicklung nicht abgeschlossen ist!

Wären unsere Deutschlehrer mit der „Ontogenese“ des Deutschen Sprachtums ausgebildet, müssten sie von selbst erkennen, wie unsinnig es ist, Schreibdiktate zu beurteilen. Die Rechschreibreformen sind daher – ausgegangen von Martin Luther, ein politisches Diktat. Jede Rechtschreibreform, die nicht die geschichtliche Sprachentwicklung unserer Kinder berücksichtig, ist willkürlich und behindert jede geistige Entwicklung!

Weltbilderschuetterung: Die richtige Entzifferung der Hieroglyphenschriften (Erhard Landmann)

III. Erhard Landmann:[3]

Erhard Landmann

Erhard Landmann (geb. am 19. März 1938, gest. am 25. Februar 2018) war ein Buchautor, Laien-Sprachforscher und Vertreter der Präastronautik. Landmann behauptete, dass sämtliche

[3] Vgl. https://www.psiram.com/de/index.php/Erhard_Landmann

Sprachen vom Althochdeutschen abstammen. In der Vergangenheit hätten Außerirdische die Erde besucht und die Menschheit sei Nachfahre dieser Außerirdischen. Die Sprache dieser Besucher ist nach Landmann das "Elidiutische", die Sprache des Gottes Eli. Das Elidiutische habe sich am besten in der altdeutschen Sprache, der alten Maya- und Aztekensprache, der Sprache der Osterinsel und Maori erhalten. Mithilfe des Altdeutschen lassen sich daher nach Landmann alle alten Sprachen deuten. Das Altgriechische sei ein Dialekt althochdeutscher "Dorer" (Thüringer). Das Wort Gott soll in vielen Sprachen auf das ahd. Wort für "Deutsch" und "Volk" zurückgehen, nämlich auf "teot, tiud". Die Bibel der Christen sei eigentlich eine Art Geschichtsbuch der Deutschen und ursprünglich auf Deutsch geschrieben worden.

Die wissenschaftliche Sprachforschung wurde von Landmann abgelehnt. Eine irgend geartete Rezeption seitens der wissenschaftlichen Sprachforschung ist den Landmannschen Hypothesen versagt geblieben (Stand 2013). Auf Beachtung stieß Landmann im SYNESIS-Magazin[1] von EFODON sowie in Deutschland in Blogs der rechten Szene. Schriften von Landmann wurden im braunesoterischen Andromeda Buchversand veröffentlicht.

2005 behauptete Landmann, "auf den ersten Blick" die Lösung des Voynich-Manuskripts gefunden zu haben. Seiner Ansicht nach sind die bislang nicht entzifferten Voynich-Zeichen undeutlich geschriebene Buchstaben.[2] Eine Beschreibung des Inhalts oder gar Übersetzung der Voynisch-Manuskripte hat Landmann allerdings nicht veröffentlicht.

Veröffentlichungen

- Weltbilderschütterung. Die richtige Entzifferung der Hieroglyphenschriften. Wolke Verlag, 1993 PDF
- Das sogenannte Voynich-Manuskript. Magazin2000plus, Alte Kulturen Spezial, 2007

Weblinks

- http://www.fastwalkers.de/downloads/daswortster.pdf
- http://www.fastwalkers.de/downloads/sodomundgomorra.pdf
- http://www.fastwalkers.de/downloads/dieentzifferungdersogenanntenmayahieroglyphenu.pdf

- Wilfried Augustin: Erhard Landmann – Die Götter sprechen deutsch. Synesis-Magazin 6/2009, 31-32
- Wilfried Augustin: Wilfried Augustin, Gernot L. Geise: Es war alles ganz anders! Interview mit Erhard Landmann. Synesis-Magazin 6/2009, 33-35
- http://elifonaot.g32.de/cms/doku.php

Quellennachweise

---

1. Hochspringen↑ Falschübersetzung - Enthüllungen zum Stein von Rosette (Erhard Landmann) SYNESIS-Magazin Nr. 112 (4/2012) und Heft 6/2009
2. Hochspringen↑ http://www.fastwalkers.de/downloads/dasvoynichmanuskript.pdf

IV. Die Götter sprechen deutsch:[4]

Wir hatten im SYNESIS-Magazin schon verschiedene Beiträge von Erhard Landmann veröffentlicht. Die Artikel waren für uns kontrovers. Genial, meinten die einen, unbewiesene Fantasie die anderen. Wir mussten versuchen, das zu klären. Da wir Erhard Landmann persönlich nicht kannten (die Manuskripte wurden uns von einer anderen Person übermittelt), wollten wir wissen, wer er ist, und was er denkt. Wir besuchten ihn an seinem Wohnort in der Nähe von Frankfurt (das Interview im Anschluss). Zuvor möchte ich jedoch auf die Grundidee von Landmann eingehen. Er hat eine einfache Sache entdeckt. Danach wurde die Menschheit von außerirdischen Zivilisationen besucht, technisch hoch entwickelte, raumfahrende Völker von verschiedenen Planeten. Wir, die Menschheit, sind Nachfahren dieser Völker. Der Besuch dieser Raumfahrer findet sich in unseren Märchen, Mythen und Sagen wieder. Je nach Kulturkreis muten sie zwar unterschiedlich an, in den Kernaussagen beschreiben sie jedoch alle die gleichen Vorkommnisse. Sogenannte Götter sind Außerirdische. Die Sprache dieser Besucher ist nach Landmann das „Elidiutische“, die Sprache

---

4 Vgl. http://www.efodon.de/html/archiv/sonstiges/augustin/SY9631_augustin-GLG_interview.pdf

des Gottes Eli. Die hat sich am besten in der Altdeutschen, in der alten Maya- und Aztekensprache, der Sprache der Osterinsel und Maori erhalten. Nach Landmann sagt eine Mondsee-Wiener Handschrift, dass elidiutisch die Sprache des ganzen Universums sei. Mithilfe des Altdeutschen lassen sich daher alte Sprachen deuten. Landmann nimmt einen weiteren Ansatz zu Hilfe: Es gab keine feste Rechtschreibung. Texte wurden wortübergreifend gelesen. Ich entnehme nachfolgendes Zitat von Landmann aus seinem Artikel über das Voynich-Manuskript: „Die meisten Leute besitzen einen Duden, um die Schreibweise eines Wortes nachzuschauen. Ein Herr Duden war der erste Mensch, der eine feste, allgemeingültige Rechtschreibung festlegte. Jeder, der sich mit alten Schriften beschäftigt, weiß, dass es vorher keine gleichmäßige Rechtschreibung gab. Da wurde im gleichen Text das Wort „aufsteigen“ sowohl „ufstic, uff stig, uf ctic, ufsteic, upstic, ufstich“ und in noch weiteren Varianten geschrieben und es gab, wie man sieht, keine festen Wortgrenzen. Das ist ungeheuer wichtig, hier festzuhalten. Es gab keine festen Wortgrenzen! Etwas, was unsere angeblichen Altertumsforscher, Sprachwissenschaftler, Archäologen ohne sprachwissenschaftlichen Hintergrund, aber Möchtegern- und Hobbyentzifferer von Schriften, allzu gerne vergessen. Diese Tatsache des wortzwischenraumübergreifenden Lesens, dass Buchstaben des vorhergehenden Wortes zum nächsten Wort gehören oder Buchstaben des nachfolgenden Wortes zum vorherigen, ist nicht nur für das Voynich Manuskript von entscheidender Bedeutung, sondern auch für alte Mayatexte, Aztekentexte, lateinische Texte usw." Auch heute noch werden wir von Außerirdischen besucht. UFOs mit all ihren Facetten zeugen davon. Ein besonderer Aspekt sind die sogenannten „Ummo-Briefe", die man als Versuch einer Kontaktaufnahme von Raumfahrern des Planeten Ummo deuten kann. Dieser Planet könnte die Heimat unserer Vorfahren sein. Landmann hat dazu wie folgt geschrieben (Zitate aus seinem Text: „Kontaktversuche - Die Ummo-Sache und das Voynich-Manuskript"): „Wenn der Planet Ummo in der Galaxie Od liegt, von der auch unsere Menschheitsahnen kamen, heißt dies wahrscheinlich, dass wir den gleichen Ursprung haben und ‚verwandt' sind, diese Außerirdischen aus der Galaxie Od aber von jenen anderen, die die Menschheit seit über 1000 Jahren von Geheimgesellschaften regieren lassen, an Kontaktaufnahmen mit uns gehindert werden. Mir war plötzlich klar, dass es seit langer Zeit eine Kette von Versuchen zur Kontaktaufnahme durch die Ummiten gab, die systematisch verhindert wurden. Wie schwierig eine solche

Kontaktaufnahme ist, sieht man schon an der Vielfalt der irdischen Sprachen. Ursprünglich hatten wir die gleiche E li diutische Sprache. Heute gibt es auf der Erde geschätzte 4000 bis 7000 Sprachen und Dialekte, die untereinander unverständlich sind für den, der sie nicht gelernt hat. Welche Sprache also sollen die Ummiten wählen, wenn sie in Frankreich, Südamerika, Japan oder China landen? Selbst Nordchina spricht eine im Süden Chinas nicht verständliche Sprache. Wir haben also mit dem VoynichManuskript, den sogenannten Marienerscheinungen, den Kornkreisen und den Ummo-Briefen die vier spektakulärsten Versuche der Kontaktaufnahme unserer außerirdischen ‚Verwandten', die stets von den uns Beherrschenden verhindert wurden. Es ist wie in der Geschichte vom Hasen und Igel. Was immer die uns Helfen wollenden aus der Galaxie Od zur Kontaktaufnahme auch versuchen, ihre Gegner mit ihren die Menschheit beherrschenden Machtinstrumenten sind immer schon da, denn sie haben ein Heimspiel, wie man im Fußball sagt, und die maßlose Dummheit der meisten Massenmenschen auf ihrer Seite. Schauen wir uns es an. Da war das Voynich-Manuskript. Es musste in großer Eile und Angst geschrieben werden, Angst vor der Inquisition oder den Jesuiten, jedenfalls der katholischen Kirche, ---- und landete dann für über

400 Jahre wo? Genau bei diesen Jesuiten, die es im Kloster verschwinden ließen. Die vielen Versuche direkter Kontaktaufnahme zu einzelnen Menschen und Kindern, wie in Lourdes, Fatima, Medjugorne und vielen anderen Orten wurden sofort von der katholischen Kirche als „Marienerscheinungen" erklärt, die Kinder zum Schweigen gezwungen und in Klöster gesperrt und primitive Lügen über die Botschaften verbreitet. Siehe Fatima, wo eine Außerirdische eine Reihe von Besuchen unternahm, um Kontakt aufzunehmen und dann soll sie ein Attentat auf einen Papst verkündigt haben. Heiliger Strohsack, wie soll ein normaler Außerirdischer, der auch nur ein ‚Mensch' ist und kein Hellseher, auch wenn er Raumfahrt betreibt, so etwas voraussehen? Fragen sie doch mal unsere Raumfahrer, die in der Raumstation Dienst tun, was sie einem ihnen begegnenden Außerirdischen wohl voraussagen könnten über eventuelle Attentate auf deren Planeten. Aber die Einfältigsten der Einfältigen, die veralberten Massen strömen dann in die angeblich heiligen Wallfahrtsorte, so wie es die Mächtigen wollen." Das heißt im Klartext: Verdummung und Versklavung der Massen Erhard Landmann Landmann und Manifestierung der Macht weniger Wissender, oder wie wir in diesem Fall besser sagen: Illuminati. Außerirdische, die mit uns

Kontakt aufnehmen wollten, sollen daran gehindert werden, um das bestehende Ausbeutungssystem nicht zu gefährden. Entsprechende Gegenmaßnahmen erfolgen mit Wissen und Duldung der Regierungen. Daher auch die Vertuschung von UFO-Sichtungen und Diskriminierung der Zeugen. Landmann wird möglicherweise auch wegen dieser Sichtweise in die rechte politische Ecke gedrückt. Natürlich ist er mit seiner Meinung, auch über die „etablierten" Sprachwissenschaftler, einigen Leuten ein Dorn im Auge. In so einem Fall findet man am besten ein Totschlagargument gegen den Gegner. Eine bewährte Diskriminierung ist „rechtes Gedankengut" oder wie man ihn auch bezeichnet hat, ein „rechter Esoteriker", was immer das sein soll. Da muss man sich mit den Fakten gar nicht mehr auseinandersetzen. Um das hier auszuschließen, möchte ich ein Zitat von Landmann aus seinem Artikel zum Voynich-Manuskript hinzufügen: „Bevor ich nun zu Teilen des Inhalts des VMS komme, muss ich etwas klarstellen. Das Internet ist voll von Berichten rechter Esoteriker und Ideologen über Flugscheiben der Nationalsozialisten und deren Kontakte zu Außerirdischen vom Sternsystem Aldebaran. Das ruft wiederum linke Gegenideologen auf den Plan, die in primitiver Weise jeden, der auch nur das Wort „Außerirdischer" erwähnt, als „rechten

Esoteriker“ und „Neonazi“ verunglimpfen. Ich habe mich mit diesen Berichten nicht auseinandergesetzt. Da mich der Inhalt des VMS (und vieler alter Texte der Maya, Azteken, Maoris, Osterinselbewohner sowie alte lateinische Texte) zwingt, von der Herkunft der Ahnen der Menschheit aus dem Weltall, von Außerirdischen und von Aldebaran zu sprechen, befürchte ich evtl. zufällige Überschneidungen und Missverständnisse. Der Autor dieses Artikels kommt aus einer Familie, die gegen die braunen Sozialisten und anschließend gegen die roten Sozialisten auftrat. Der Autor hat den Vater durch die Nazis verloren und musste mit seiner Familie vor den Kommunisten der Ostzone fliehen. Er ist deshalb Gegner jeder Ideologie. Der Autor ist unabhängiger Sprachwissenschaftler und nur der Wahrheit und seinen eigenen Forschungsergebnissen verpflichtet und schon deshalb gegen jede Esoterik. Der Autor wird deshalb jeden Vorwurf einer Verbindung oder Nähe zu rechten, linken oder religiösen Esoterikern oder Ideologen als böswillige, vorsätzliche Verleumdung ansehen und ggf. Maßnahmen rechtlicher Art dagegen ergreifen.“ Ich bin mir bewusst, das Thema Außerirdische wird von vielen abgelehnt und als Spinnerei abgetan. Das ist verständlich, wenn man die Desinformationsarbeit staatlicher und untergrundstaatlicher

Einrichtungen in Betracht zieht. Hier arbeiten Profi s mit Erfolg. Auch die Vielzahl der seichten, reißerischen Bücher verbessert die Situation nicht. Heutzutage wird von manchen Verlagen gnadenlos jeder Schund verkauft, Hauptsache reißerischer Titel und Aussicht auf Profi t. Im Rahmen unserer Gespräche und Vorträge im EFODON e. V. haben wir schon häufig über das Thema Außerirdische diskutiert. Natürlich gibt es auch bei uns keine einheitliche Meinung. Aber bei unseren Geschichtsforschungen tauchte immer wieder ein Aspekt auf: So wie die etablierte Wissenschaft die menschliche Entwicklung und Geschichte darstellt, kann es nicht gewesen sein. Die Geschichtler gehen von einer kontinuierlichen Entwicklung der Menschheit von einer affenartigen Vorkreatur bis zu heutigen Menschen aus, über einen Zeitraum von Millionen Jahren, ohne Einfluss von außen. Genau das glaube ich nicht. Kein Platz für Velikovskys Katastrophen oder Hörbigers Welteislehre. Kein Platz für Zillmer und seine Beweise für das Zusammenleben von Mensch und Saurier. Keine Akzeptanz für untergegangene Mutterkulturen, deren Überlebende die Lehrer und Götter der nachfolgenden Generationen wurden. Wir könnten so fortfahren. Die etablierte Wissenschaft steckt in einer Sackgasse. Um herauszukommen, müssen wir alternativ denken und unvoreingenommen alle Möglichkeiten einbeziehen. Dazu gehört auch die Akzeptanz möglicher außerirdischer Besucher, als Kolonisatoren, Kulturbringer oder Ausbeuter unseres Planeten. So gesehen begrüße ich den Denkansatz von Erhard Landmann und beziehe ihn absolut in meine Überlegungen ein. Nur weil unsere bezahlten Wissenschaftler es sich nicht vorstellen können (oder dürfen), wie man über 40 Lichtjahre entfernte Planeten erreichen kann, müssen wir diese Reisen nicht als Fantasie abtun. Man kann davon ausgehen, dass die aktuelle Physik sich laufend verändert. Muss sie, denn was wissen wir über die Natur der Elektrizität, des Magnetismus und der Schwerkraft? Nichts! Eines Tages träumt einer einen Traum und erkennt, wie die Dinge wirklich funktionieren. Und dann ist plötzlich eine interstellare Raumfahrt möglich. Es ist keine Frage ob, sondern nur wann. Wenn ich vor wenigen Jahrzehnten meinem Vater über die Möglichkeiten meines Laptops berichtet hätte, auf dem ich gerade schreibe, hätte er mich zum verrückten Fantasten erklärt. Trotzdem sitze ich hier und tippe.“

V. Sanskrit, Mantras und die heilige Sprache:[5]

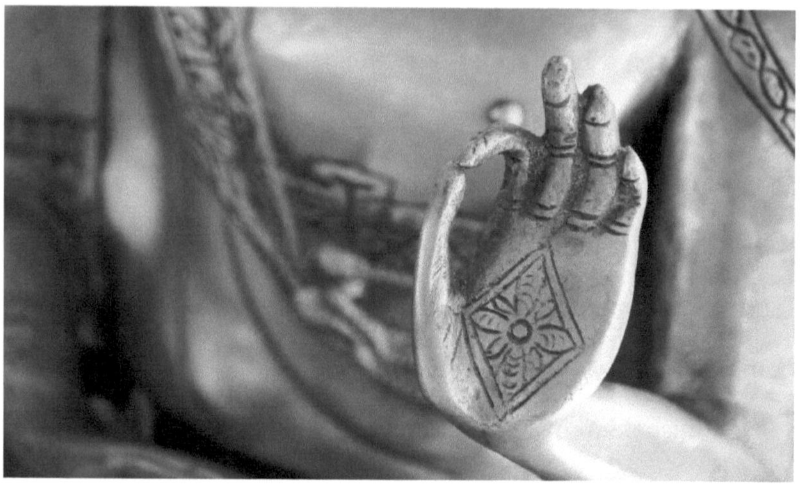

In diesem Seminarzyklus wollen wir einen Zugang zu den spirituellen Dimensionen der Sanskrit-Sprache Altindiens ermöglichen und dies gleichzeitig in den Zusammenhang heiliger Sprachen und Überlieferungen stellen. In vielen älteren Kulturen war ein tiefes Verständnis über die Kraft und die Wirkungen von Sprache vorhanden. Sprache kann uns zum Sein führen, und das Sein kann uns zur Sprache führen. Dabei ist der mantrische Aspekt, also die Klangdimension von Sprache, besonders bedeutsam. Über den Klang erschließen wir uns eine eigene geistige

---

[5] Vgl. https://www.medizinundbewusstsein.de/seminare/sanskrit-mantras-und-die-heilige-sprache.html

Erfahrungsdimension. Unser Inneres gerät in Schwingung und Resonanz mit den heiligen, heilsamen Klängen.

Im alten Indien wurde auch tief über das Wesen der Sprache nachgedacht, es entstand eine eigene Philosophietradition, die uns verständlich machen kann, wie und warum Sprache so wichtig für unser Menschsein ist. Neuere Forschungen zeigen auch, dass in der Natur bei Tieren und Pflanzen viel mehr komplexe Kommunikation stattfindet, als bisher bekannt war. So sind wir über die Sprache mit einem größeren Ganzen des Lebens verbunden.

Folgende Themen wollen wir gemeinsam vertiefen:

- Sanskrit – die Laute, das Alphabet, die Ordnung der Sprache – alles mit ihrer spirituellen Bedeutung
- Verse und Mantras aus dem Sanskrit in der Tiefe übersetzt und erklärt
- Die Klangdimension der Sprache – mit Beispielen aus dem Sanskrit und anderen Sprachen
- Sprache und Bewusstsein – Wie hängen sie zusammen? Wie kommen wir zur geistigen Klarheit?

- Sprache und Wirklichkeit – Mikrokosmos und Makrokosmos – Die Ebenen des Seins
- Yoga, Meditation und Mantras
- Die Cakras und die Klänge des Sanskrit
- Tantra und die Geheimnisse der Klänge

Prof. Dr. Martin Mittwede kennt als Indologe und Religionswissenschaftler die indischen Quellentexte im Original. Er versteht es, die Spiritualität in ihrer Tiefe und Einfachheit zu vermitteln, östliche und westliche Kultur in ihrer Essenz zu verschmelzen.

Sein Wissen erschliesst den Yoga, den Vedanta, die ayurvedische Medizin und die tiefgründige Philosophie der Sprache. In seiner psychotherapeutischen Praxis verbindet er westliche Tiefenpsychologie mit altem spirituelle[m] Wissen.

Sanskrit und die vedische Tradition

- Die Schau der Seher
- Philosophische Hymnen und Verse
- Struktur des Sanskrit
- Laute des Sanskrit

Heilige Klänge und Mantras

- Om und andere Mantras
- Der mantrische Klang und seine Wirkung
- Die Erforschung der Sprache im alten Indien
- Die Gesetze der Lautharmonie

Sutras und die Essenz der Sprache

- Die Ebenen der Sprache

- Sprache und Wirklichkeit
- Übersetzung und Analyse ausgewählter Sutras
- Die Ordnung des Sanskrit und das Alphabet

Höheres Bewusstsein, Erleuchtung und Sprache

- Die Verwirrung der Sprache und Gewalt
- Die Sicht des Yoga aufs Bewusstsein
- Shabdabrahma – die Welt ist Klang
- Verse der Bhagavadgita im Original verstehen

Tantra und C[h]akra – die Klänge im Körper

- Mensch als Spiegel des Kosmos
- Die Zentren der Energie und die Girlande der Laute
- Bijamantras und Meditation
- Verse des Ayurveda im Original verstehen

Printed by Books on Demand GmbH, Norderstedt / Germany